Meine Rose heißt
wie du

Impressum

Copyright:
© 2013
Renate Maria Riehemann

Herstellung und Verlag:
BoD - Books on Demand,
Norderstedt
www.bod.de
ISBN: 9783848263097

Vierzig Gedichte

Band 1

Meine Rose heißt wie du

Gedichte vom Erblühen der Liebe

von
Renate Maria Riehemann

Zur Auswahl der Gedichte

Die Gedichte spannen sich von
der Verliebtheit über das
Erleben großer Nähe, über
Sehnsucht, Lust und
Leidenschaft hin zu großer,
tiefer Liebe.

Dem Verblühen der Liebe
widmen sich die Gedichte im
folgenden Band.

Renate Maria Riehemann
Januar 2013

Liebe ist
das größte Wagnis

und

das größte Glück

Zusammen

Zwei Seelen
finden sich
finden zusammen
ein Glück
zusammen
eine Seele

Zwei Hälften
verschmelzen
verschmelzen
miteinander
eine Liebe
ein Tanz

Melodien formen sich
begleiten den Tanz
Falsche Töne verwelken
in den Liedern von gestern

Augenblicke

Augen
so tief
so lebendig
so kraftvoll
schauen mich an
erzählen dein Wollen
wortlos
eindringlich
unüberhörbar

Blicke
so zaghaft
so wissend
so klar
werden zu einem Meer
überfluten meine Gefühle

wild
tobend
unberechenbar

Suchen
so endlos
so ziellos

so körperlos
bis ich mich wieder finde
in diesen Augen
anders
größer
unverhofft

Bekenntnis

Ich liebe dich
und bekenne mich
zu dieser Liebe.

Nimm sie
als Kompliment,
das dir hilft,
in schweren Zeiten,
dich daran ein wenig
aufzurichten.

Ich gebe sie
als Reserve
voller Hoffnung,
die du nutzen kannst
ohne mich zu benutzen.

Nimm sie an.
Verweigere die Antwort nicht,
auch nicht,
wenn du Angst hast
mir ins Gemüt zu schlagen.

Ich liebe dich
und kann dir nur nah sein,
wenn du
keine Rücksicht nimmst
auf meine Eitelkeiten.

Mit mir
komme ich schon klar.
Schließlich liebe ich dich
und bekenne mich
zu dieser Liebe.

Fantasieliebe

Die Fantasieliebe hat Flügel.

Sie trägt mich zu dir und
überwindet
mühelos jede Entfernung.

Sie überschreitet ohne
Hemmung
alle Schwellen.

Zwischen heute und morgen
liegt kein Tag.

Ein Vogel singt im Käfig
von Freiheit.

Die Fantasieliebe hat Kraft.

Sie hebt mich empor und
zerreißt
schlecht gewebte Bänder.

Webt neue daraus und spannt
unsere Brücken.

Zwischen dir und mir
klafft kein Abgrund.

Unsere Welt erzittert
von neuen Klängen.

Gleichschritt

Vier Füße
Schritt für Schritt
Einklang noch nicht
suchen die Richtung
die gemeinsame

Es trifft
dein Blick
dein Griff
mich
an den Wurzeln
den festen
an meiner Seele

Weit scheint dein Licht
durch offene Pforten
in mich

Momente
voll Widerhall

In meinen Wünschen
die deine sind
erwächst die Sehnsucht
die du nährst
mit deinem Wollen

Vier Füße
im Gleichschritt
Schritt für Schritt
finden die Richtung
die gemeinsame

Ruhelos

Es flieht der Tag
vor mir davon.
Gedanken halten sich fest
am Geländer der Wünsche.

Die Sehnsucht der Nacht
tanzt trunken
ohne Willen und haltlos
durch kühle Träume.

Die Zeit zerteilt
des Tages Schritte,
und sie verlieren ihre Richtung
um ruhelos zu werden.

Es jagt die Vernunft
und fängt mit morschem Seile

rastlose Stunden
mühevoll.

Wohin mit dem was sein
muss?
Noch junge Zweige brechen
langsam
unter der Last
erträumter Möglichkeiten.

Sehnsucht der Nacht 1

Angst und Sorgen
in ihm verborgen

Unruhe Nacht
ausgelacht

Stürme und Winde
spielen dem Kinde

das gestern es war
sonderbar

Sehnsucht zerreißt
was Zukunft heißt

lang nicht mehr so
hoffnungsfroh

Sehnsucht der Nacht 2

Wenn atemlos die Sehnsucht
jagt Nächte durch den Traum,
zerreißen Gefühle Lüfte
entzwei.

Wenn leise zwei Tore sich
streiten,
um den fernen Gast der
passiert,
begehren die Wächter
erlösenden Schlaf.

Wenn Einsamkeit sterbend die
Freundin sucht,
zitternd am sonnigen Tag,
ertrinkt sie in der Blüte der
Wünsche.

Sehnsucht der Nacht 3

Müde zieht
Nacht ihre Kreise

Lädt Einsamkeit
zum Trunke ein

Sucht Kurzweil sie auf
diese Weise

Will länger nicht
verborgen sein.

Erhellt das Dunkel
tausend Augen

Nicht alles

Du liebst
ganz und gar.
Gibst dich hin
ganz und gar.
Immer wieder.
Jetzt liebst du mich,
immer wieder.

Du hast die Traurigkeit
plötzlicher Enden
oft erlebt, zu oft.

Ich kenne das nicht.
Ich nicht.
Ich will das nicht.
Ich nicht.

Ich gebe mich nicht ganz.
Ich steige nicht so hoch.
Ich will nicht fallen,
morgen schon.

Es sprengt das Herz

Und doch flieht Zeit
- dahin
Momentgedanken
aus dem Stoß ferner Wünsche
- bittend
ein wenig mir zu bleiben

Sie ruhen aus
in sanfter Hand
- ganz offen
- hinausgleiten
ins Meer aus Wirklichkeit
den Stürmen trotzen

Der Tage Flut
verschluckt
- immer wieder
Minuten
Stunden

Tage
mich

Es sprengt das Herz
- bereit zur Flucht
tröstende Schwester
mit dir dahin
- endlich

Farbwechsel

Die Erde fällt dem Boden zu.
Der Himmel beginnt zu fliegen.
Gedanken gehen spät zur Ruh,
um weich und wohlig zu
liegen.

Die Träume schwingen dem
Taglicht davon.
Fängt sanfter Wind wieder ein.
Werbend den Schlaf in
verbindlichem Ton.
Müder Schatten wird klein.

Und während das Auge die
Nacht zu sich ruft,
liebkost schon der Traum
einen Tag.
Färbt das Kleid,
das die Braut einst trug,
in der Farbe,
die heute sie mag.

Blinde Liebe

Als die Liebe in mein Leben
sprang,
hatte sie dein Gesicht,
bediente sich deiner Worte,
benutzte deine Hände,
berührte meinen Körper.

Als die Liebe in mein Leben
sprang,
bemächtigte sie sich meiner,
wurde übermächtig,
machte mich ohnmächtig,
ließ mich treiben.

Als die Liebe in mein Leben
sprang,
vertrieb sie meine Freunde,
den Zweifel und den
Selbstzweifel.
Ich vermisse sie nicht.
Ich habe die Liebe.

Dein Bild für mich

Du kommst
und strahlst
doch blendet mich nichts
im Widerschein des Mondes
unserer Nacht

Schlafend
empfange ich dich

Deine Blumen für mich
erstrahlen einsam
durchbrechen das Dunkel

Abgebrochene Zweige
wilder Kirschen

Zwischen uns Brücken
leuchten auf dem Weg
zueinander
verbinden das Du

Die Nacht
hält das Licht
im Kleid deiner Wünsche

im Du unsere Tage
in der Lebendigkeit deiner
Träume

Schräge Sichel
des goldenen Mondes
hält den Himmel
beobachtet still
trägt uns diese Nacht

Frühlingserwachen

Im schneebedeckten Boden
ganz zarte Frühlingsboten
stehn,
die schwach vom langen
Winter
nach frühem Sonnenlicht sich
sehnen

Auch ich kann in den Frühling
fühlen,
mein Schnee ist stete
Tageslast,
die mich bedrückt im grauen
Alltag,
der ich entwachse ohne Hast.

Noch schau ich auf das weite
Weiß,
wähn drunter schon das junge
Grün.
Und schneller eilen die
Gedanken,
schon sollen alle Blumen
blühn.

Doch langsam nur erwächst
die Seele,
saugt Licht und Wärme in sich
ein.
Dann steht sie frei und wird
ganz offen
bereit zu neuer Liebe sein.

Wenn ich zu dir komme

Wenn ich zu dir komme,
eingeschnürt wie ein Paket,
umwickelt mit vielen Lagen
gegen die Stöße,
strahlt meine Lust
ganz innen.

Wenn ich zu dir komme
warte ich auf deine Hände,
mich zu befreien,
Knoten zu lösen,
zu zerreißen, wenn es sein
muss,
auch mit kräftigen Händen.

Wenn ich zu dir komme,
leg mein Denken beiseite,
lass mich klein werden dann
im kindlichen Glück,
mit meiner Lust,
die ich in deine Hände lege.
Mein Vertrauen ist grenzenlos.

Zarter Kampf

Eigene Gefühle
ganz weit
dem Morgen entzweit
meine Liebe

Berührung
eine Hand deine
hält ganz offen meine
hält uns

Unerwartet
die Wärme der Nacht
unbewacht
irren die Gefühle

In mir
tosender Wind
rasendes Kind
geliebtes

Warm und weiblich

Ich möchte meinen Kopf
in einen Schoß legen,
warm und weich
und weiblich.

Ich möchte meinen Kopf
in deinen Schoß legen,
deine Hände spüren
in meinem Haar.

Ich möchte deine Hände
und mich hineinlegen,
warm und weich
und weiblich.

Ich möchte deine Wärme
in meinen Schoß legen,
deine Liebe spüren
in mir.

Bisweilen

Ich liebe dich
und bitte dich:

Ich möchte mich verstecken
hinter deinem Rücken
... bisweilen

Mich ausruhen
in deinen Armen
... bisweilen

Meine Arme um dich schlingen
... bisweilen
eins sein mit dir

Dein Fühlen spüren
Dein Denken ahnen

Und doch möchte dir fern sein
... bisweilen
damit ich dich sehen kann

Ich brauche dich

Ich brauche dich
und bitte dich
um mehr als Liebe

Lass mich wachsen
neben dir
Ich möchte blühen

Stell dich vor mich
wenn der Sturm peitscht
durch mein Leben

Gib dein Lächeln mir
wenn meine Tränen
aus dem Alltag regnen

Komm mir entgegen
wenn der Abend
mich mit Dunkelheit
erschrickt

Fang mich auf
wenn ich zu nah
am Abgrund tanze

Zeitenwechsel

Dich lieben für Stunden
in manchen Nächten
und für ein Leben
in den anderen

Liebe schweigen
an manchen Tagen
Stille hören
an den anderen

Deine Stimme genießen
in manchen Stunden
dich bei mir denken
in den anderen

Die Welt soll kleiner werden
für uns
und der Himmel weiter
für dich

Dass ich dich fühlen kann
in jeder Minute
und du bei mir bist
in den anderen

Die Sehnsucht spüren wie dich
in Sekunden
und Liebe
in den anderen

Du und ich
für Momente
Wir und für uns
in den anderen

Vogelflug

Zu dir fliegt
mein Gefühl davon,
getrieben von Angst,
zu erfrieren in seiner Blöße.

Fang den Schrei des Vogels,
der die Dämmerung bricht
mit seinem Flug.

Lass den Tag uns feiern und
anstoßen in den Farben der
Nacht,
die deine und meine sind.

In dieser Nacht

In dieser Nacht
lass ich die Liebe in mein Haus

Mit offenen Türen
empfange ich die Dunkelheit

Die alte Tafel
decke ich für unser Mahl

Kerzen leuchten
dass ich die Wärme halten
kann

In dieser Nacht
lass ich die Liebe in mein Haus

Ganz leicht

Wolken wechseln
zwischen deinem und meinem
Wollen
ganz leicht
an diesem sonnigen Tag
Regentropfen hängen
ganz leicht
am Ende der Sonnenstrahlen
Loslassen und fallen

Greise Gedanken
werden ruhelos jetzt
ganz leicht
verdunsten sie in der Hitze
dieses Tages
Schimmernd spiegelt ein Leben
ganz leicht
schmiegen meine Gedanken
sich
auf dein feuchtes Lager

Wärmend wächst
ein weiches Licht in mir
ganz leicht
Mein Körper streckt sich
erwacht und wechselt die
Farbe
ganz leicht
hauchen Sehnsüchte und
Wünsche
ihm ein Wollen entgegen

Abends allein
Im späten Licht schwingen
noch
ganz leicht
dein Zweig und mein Fühlen
Eine letzte Berührung
ganz leicht
spüre ich ein Zittern in mir
Die Umarmung unserer Wünsche

Erwartung

Worte und Gefühle
deine und meine
durchfluten mich
wecken Lust und Zärtlichkeit

Feuchte Hitze in mir
voll Erwartung
zittert mein Körper
ganz leise

Gedanken öffnen
mich und mein Fühlen
schicken warme Fluten
dir entgegen

Mit dir bewegen

Mich in dich versenken
dir Wärme schenken

Mich auf dich legen
und mit dir bewegen

Deinen Atem hören
niemals Liebe schwören

Schlanke Arme fest spüren
deine Gedanken berühren

Wenn du dich mir schenkst
wenn du mich sanft lenkst

Du machst mich glücklich.

Fantasieliebe

Liebe
Fantasie
Fantasieliebe
grenzenlos und flüchtig
kostbar viel zu kostbar
sie zu verlieren
im Augenblick
der Liebe
die Fantasie

Oftmals allein

Du
hälst mich
meine Gedanken
im Bann
deiner Wünsche

Ich
gebe mich
dir hin
im Wissen
um meine Ohnmacht

Wir
lieben uns
oftmals allein
in der Gemeinsamkeit
unserer Wünsche

Lass die Liebe sein

Lass die Liebe sein
Lass sie sein

Wie das Spiel der Kinder
lass sie sein
Schenk ihr einen Frühlingstag
mit der wärmenden Sonne
des Mittags

Lass die Liebe sein
Lass sie sein

Lass sie vorbehaltlos
ihr Spiel beginnen
Verweilen lass sie
im Moment
lass sie ganz sie selber sein

Lass die Liebe sein
Lass sie sein

Den Tag lass sie leben
und die Nacht
Und wenn es ihr beliebt
im Spiel
lass sie die Richtung wechseln

Lass die Liebe sein
Lass sie sein

Schritt für Schritt
Lass die Liebe sein
Wie das Spiel der Kinder
lass sie sein
ohne Angst und Reue

In deinem Schoß

Mein Kopf liegt weich
auf deinem Schoß
und tief

Ich sehe dich
Ich rieche dich
Ich bin zuhause

Wärme ummantelt
meine zitternde Seele

Ich werde schwer
Ich spüre dich
Ich liebe dich

Endlich bei dir sein
In deinem Schoß
bin ich zuhause

Jetzt

Dich festhalten
in der Fröhlichkeit
deines Augenblicks

Dich begehren
irrlos
endlos
jetzt

Dich anschauen
in der Schönheit
deines Begehrens

Dich lieben
irrlos
endlos

Jetzt

Ankommen

Mich hineinlegen
in dein Gefühl
und Ruhe spüren

Mich satt trinken
an deinen Worten
und gemächlich werden

Mit dir
durch die Wellen schaukeln
bis zur Haltlosigkeit

Tief eintauchen
in dich
und ankern

Endlich
ankommen
in meinem Zuhause

Gedanken an dich

Gedanken an dich
sind mir so viel
und doch nicht genug

Träume von dir
heben mich hoch
und lassen mich fallen

Zeit mit dir
ist Gold für mich
und wiegt doch keine Leben

Gedanken an dich
malen Zukunft mit dir
und lassen mich hoffen

Nachtfarben

In deiner Nähe
meiner Nacht
das Dunkel lieben

Deinen Rücken fühlen
wenn der Tag kommt
durch den Schlaf
und du

Dich denken

Dich spüren

Dich wollen

Der Zeit keinen Namen geben
wenn die Stunde
die Sehnsucht bricht

und mein Bild
von dir
von mir

Wenn ich gestalte
mit liebenden Blicken
es zu halten

für Stunden

für Tage

für die Lebendigkeit
deiner Farben

für dich

Deine Hände

Gedanken fliegen davon
holen dich zu mir
suchen deine Hände
mich zu berühren

Gedanken kreisen
finden ein Ziel
deine Hände
mich zu halten

Wünsche leben
geben Halt
deinen Händen
mich zu wecken

Fantasien suchen
Lustvoll dich
deine Hände
mich zu fesseln

Fantasien leben
mein Geschenk
in deinen Händen
mich zu befreien

Ein Meer des Fühlens
legst du hinein
deine Hände
lassen mich treiben

Aus freiem Flug
fängst du mich auf
deine Hände
nehmen mich an

Gedanken fliegen davon
voll Erwartung
lasse ich mich fallen
in deine Händen

Danach erwachen

Danach
im Schweiß
deiner Liebe
erwachen
nachts
neben dir
warm und feucht
noch immer

Die Sehnsucht
berührt mich
erst morgen
mit deinem Atem
der meine Wange streift
jetzt
lässt mich erschrecken
im Augenblick

Meine Finger streicheln
endlich
liebkosen deinen Rücken
kämmen dein Haar
trunken
saugen den Schweiß
sanft
und vorsichtig

Meine Liebe
für dich
nachts
neben dir
glättet den Alltag
Die Lust der Nacht
trägt sie fort
um zu bewahren

Vielleicht ein Jahr

Ich weiß es
lange schon
und doch

ganz plötzlich
stelle ich fest
dass ich dich liebe

über die Maßen
die bekannten
die üblichen

über den Tag
den gewöhnlichen
und die Nacht

über alles
was war und kommt
und noch mehr

weiß ich
plötzlich
dass ich dich liebe

stelle ich fest
ich weiß es
schon lange

so viele Tage schon
es könnte gewiss
ein Jahr sein

Lust

Lust spüren
Wollen spüren
Uns spüren
ohne loszulassen

Fantasien leben
deine und meine
Lass mich ein
und nicht entfliehen

Lass uns sein
Lass uns fühlen
Lass uns eintauchen
in unsere Tiefen

Unsere Körper
Unsere Lust
in ihrem Meer ertrinken
an ihren Qualen ersticken

Nimm mich an
meine Fantasie
mein Warten
Gib dich dazu

Frieden in mir

Dich lieben und wollen
Dich brauchen

Dich denken und fühlen
Nicht mehr allein sein

Meine Liebe wachsen lassen
Behütet von Zuversicht

Den Weg finden
Trotz Dunkel zum Wir

Es ist Frieden in mir
Liebe und Glück

Du noch immer

Buschwindröschen denke ich
und Kirchenstille
Apfelblüten und Abendkühle

Meereswogen denke ich
und Sehnsuchtsträume
Sommertage und rotwarme
Töne

Das Selbstverständliche denke
ich
und das Neue
Herbst und Winter

Und dich denke ich
und mich
noch immer

*Nur wer wagt
gewinnt die Liebe*

Verzeichnis der Gedichte

Vierzig Gedichte

Band 1 bis 5

Band 1 *Meine Rose heißt wie du*

Gedichte vom Erblühen der Liebe

ISBN 9783848263097

Band 2 *Durch dein Schweigen*

Gedichte vom Verblühen der Liebe

ISBN 978384844802726

Band 3 *Zeit schrumpft mühsam*

Gedichte um Trauer und Abschied

ISBN 9783848259618

Band 4 ***Dreh dich nicht um***

Gedichte vom Glück und vom Leben

ISBN 9783848259656

Band 5 ***Mäntel um unsere Wünsche***

Gedichte vom Kampf um die Liebe

ISBN 9783848259670